AF192574

LAS PALABRAS
DE KNUM

Las palabras de Knum

AFORISMOS MASÓNICO HERMÉTICOS

José Miguel Jato

SERIE AMARILLA
[LITERATURA Y ARTE]

MASONICA
Ediciones del Arte Real

Las palabras de Knum
Aforismos masónico-herméticos

JOSÉ MIGUEL JATO

Diseño y maquetación:
EЯA | ALTA RESOLUCIÓN EDITORIAL

Ilustración de cubierta:
Id. Shutterstock: 752156524

Editorial MASONICA®
SERIE AMARILLA (Literatura y Arte)
www.masonica.es

© 2024 José Miguel Jato
© 2024 Editorial MASONICA

EntreAcacias, S.L.
[Sociedad editora]
c/Covadonga, 8
33002 Oviedo - Asturias (España)
info@masonica.es | pedidos@masonica.es

1ª edición: febrero, 2024

ISBN (edición impresa): 978-84-19985-40-8
ISBN (edición digital): 978-84-19985-41-5
Depósito Legal: AS 00177-2024

Impreso por Podiprint
Impreso en España

A Julio González,
hermano mayor en el espíritu,
amigo del alma en esta existencia.

Unas palabras previas

Los aforismos son el fruto del esfuerzo en usar el menor número de palabras para expresar un consejo, un hecho, un principio sustentante de otros principios. Son los símbolos más evidentes, porque han empezado a desnudar su potencialidad ante las armas ordinarias del mental.

Los aforismos pueden tener un posterior desarrollo intelectual que supongan extensos textos con profundas explicaciones. Sin embargo, algunos aconsejan tan solo la preparación de nuestra mente, como si de una tierra fértil se tratara, y el depósito en ella de una de estas semillas de vez en cuando, cuando un momento sincrónico lo demanda.

Aforismo 1

Todo está ya construido,
Al masón solo le corresponde
la consideración de lo edificado.

Aforismo 2

El origen
de la herramienta masónica
se encuentra en la misma «fuente»
que el de la herramienta material.
Al hermano afortunado
corresponde indagar
sobre dicha fuente
y contemplar ambas modalidades.

Aforismo 3

Se el misterio
Permanece en el misterio
Respira el misterio.

AFORISMO 4

Renuncia a lo que conocías
de ti en los ayeres.
Renuncia a lo que conoces
de ti en los hoys.
Renuncia a lo que conocerás
de ti en los mañanas.
A esas tres acciones el Arte Real
denomina Ser el Misterio.

AFORISMO 5

Si desbastas la piedra y te detienes,
solo tendrás una piedra bruta
más pulida.
Si desbastas la piedra sin detenerte,
verdaderamente estarás
ejercitando tu oficio.
A eso el Arte Real denomina
Permanecer en el Misterio.

AFORISMO 6

Disuelve el espacio exterior
en el espacio interior,
y obtendrás el espacio Filosófico.
A eso el arte Real denomina
Respirar el Misterio.

AFORISMO 7

Trabaja en lo obvio
y descubrirás lo misterioso.
La piedra cúbica está encerrada
en la piedra bruta.
Nada que añadir,
solo trozos a liberar.

AFORISMO 8

Recuerda siempre que le sobran
menos trozos a la piedra apuntada
que a la piedra cúbica
y pregúntate por qué.

AFORISMO 9

No busques donde no hay.

AFORISMO 10

El aforismo anterior
se resuelve en este:
el gran descubrimiento
es la operación de buscar.

Aforismo 11

Toda dirección, si es verdadera,
es un manantial.
Así distinguirás aquello
que debe ordenar.

Aforismo 12

El verdadero Venerable Maestro
es un puente situado sobre sobre
un rio, cuyo origen permanece
indagándose a sí mismo.

Aforismo 13

El aprendiz masón que conoce
su signo, lo actúa,
corta su cabeza de las palabras
y accede al silencio.
El compañero masón que conoce
su signo, lo actúa,
encuentra su centro y desarrolla
todas sus posibilidades.
El maestro masón que conoce
su signo, lo actúa,
y vive plenamente y despierto la
emanación de sus dos naturalezas.

Sin embargo…
El maestro masón
que no conoce su signo,
cae en la esclavitud dormida
de creerse uno.
El compañero masón
que no conoce su signo,
se pierde en la legión de centros
que se suceden uno al otro.
El aprendiz masón
que no conoce su signo,
vive en su mundo de palabras,
en la alucinación certera de ser
aquella su única posibilidad
de vida humana.

AFORISMO 14

Actúa ante el poderoso con fortaleza
y serás digno.
Ante el igual con compañerismo
y obtendrás colaboración.
Ante el débil con misericordia
y obtendrás amor.

Si actúas ante el poderoso con
misericordia,
obtendrás de él desprecio.

Si actúas ante el igual con
aprovechamiento,
obtendrás soledad.
Si actúas ante el débil con fortaleza,
obtendrás rencor.

El comportamiento del masón
siempre debe ser relativo
y en relación a las circunstancias.

AFORISMO 15

Actúa ante tus apetitos con fortaleza
y te liberarás de la debilidad.
Actúa ante tus cualidades
con colaboración
y aprenderás a liberarte
del sufrimiento del yo.
Actúa ante tus debilidades
con misericordia
y obtendrás auto-empatía.

Si actúas ante tus apetitos
con misericordia
obtendrás desprecio de ti mismo.
Si actúas ante tus cualidades
con aprovechamiento,
obtendrás la obsesión del yo.

Si actúas ante tus debilidades
con fortaleza
obtendrás desasosiego.

El comportamiento
del masón consigo mismo
siempre debe ser relativo
y en relación a sus cualidades.

AFORISMO 16

Si vas a trabajar la piedra,
rodéate de naturalezas pétreas.
Si es de aguas el trabajo, que sean
los líquidos. Si es el fuego, que no te
falte leña y si del aire se trata, sube a
la montaña más alta y que el viento
acaricie permanentemente tu rostro.

AFORISMO 17

Aforismo del Qué Puedo Hacer

La más alta experiencia que podéis
aprender aquí, en la logia,
es disolver todo lo que creéis ser en
el todo. Si no podéis lograr esto,
entrenaos en despertar aquello

que a veces anida en vuestra cabeza
y que descienda al centro,
para expandirse desde allí.
Si no podéis lograr esto, entrenaos
en amar a vuestro enemigo.
Si no podéis lograr esto, entrenaos
en el encuentro de la atención
y la energía.
Si no podéis lograr esto, sed asiduos
al templo y a sus tenidas, seguid el
ritual con diligencia, imitad a los
Hieráticos y ser vigilantes con
vuestros pensamientos negativos,
cesando en su manifestación: esto es
lo único que está en vuestra mano.

Si sois asiduos en el templo, imitáis
a los Hieráticos, y sois vigilantes con
vuestros pensamientos negativos,
cesando en su manifestación,
vuestra atención ha empezado
a encontrarse con vuestra energía.
Si vuestra energía ha empezado
a encontrarse con la atención,
es porque habéis empezado a poder
amar a vuestro enemigo.

Si habéis empezado a amar
a vuestro enemigo, vuestro centro
estará recibiendo aquello que anida
algunas veces sobre vosotros,
Si vuestro centro está recibiendo
aquello a que anida sobre vosotros,
vuestra disolución ha comenzado.

Pero hay un orden inverso que
podéis realizar según vuestro libre
albedrio y que consiste en que si no
sois diligentes en ser vigilantes con
vuestros pensamientos negativos
cesando en su manifestación, si no
sois asiduos ni imitáis, imaginaréis
de os entrenáis en el encuentro entre
vuestra atención y la energía;
Esto os llevará a amar solo
a vuestro amigo.
Dormiréis en el encuentro
con lo que viene de más allá.
Y todo ello os llevará a fortificar
lo que debe ser disuelto, mucho más
de lo que lo estaba en su origen
cuando llegasteis aquí y terminaréis
por creer que sois algo.

AFORISMO 18

Ante la duda presente del Aprendiz
el verdadero maestro no apuntala
la fe en la comprensión futura,
El verdadero maestro indica
en el hecho presente la clave de la
comprensión de la duda presente.

AFORISMO 19

El maestro debe ser
el padre del aprendiz.
El aprendiz debe ser
el hijo del maestro.

AFORISMO 20

Maestro Masón:
No hagas alarde de tus debilidades.
No ocultes tus debilidades.

AFORISMO 21

El cuidado de la familia
es el primer deber del obrero.
Igual que se va desde la penuria a la
satisfacción, debe caminarse desde
la ignorancia a la sabiduría.

Gana en todo ello para los tuyos,
son parte de tu alma.

AFORISMO 22

Educa a tu hijo en la razón.
Dale el tesoro del pensamiento.
Con ello aprenderá
a construir su vida.
Educa a tu hijo en el amor
a lo Más Grande.
Dale el tesoro de tu respeto
al Soberano Patrón.
Con ello aprenderá
a construir su alma.

AFORISMO 23

Los altos grados son una expresión
de poder, no de Conocimiento.
Los altos grados son una expresión
de poder, no de Iniciación.
Los altos grados son una expresión
de la enfermedad del ego,
no de Realización.
Tener esperanzas en alcanzarlos es
depositar nuestra energía en el
deseo de que las nubes
se conviertan en montañas.

Aforismo 24

Los grados son una expresión
no de consecución, no hay nada
que conseguir, sino orden
en el entrenamiento.
Toda profundización iniciática
comienza con una sesión
de aprendiz.

Aforismo 25

Logres lo que logres y llegues
a la experiencia que llegues,
lo que consideras logro debe ser
hundido en la experiencia
del hombre sin cabeza.
Que el signo de aprendiz te sea
de ayuda y de recuerdo siempre.

Aforismo 26

¡Maestro, atiende!:
o eres una puerta
para los nuevos obreros,
o una barrera,
no hay intermedio.

Aforismo 27

Los dogmas que no tienen
un arquetipo que los sustenten
no sirven para nada.
Los dogmas que mantienen un
arquetipo en su eje, al ser evocados,
permiten que el misterio que
los mantiene emita un aroma.
Ese aroma es una fragancia
que sirve de puente a una energía.
Esa energía está compuesta
de materia y de conocimiento.
Los dogmas que no tienen un
arquetipo que los sustenten
no sirven para nada…

Aforismo 28

No hay ninguna meta de mejora de
lo que eres, tan solo de su expansión. Ese es el único objetivo.

Aforismo 29

Compréndelo bien:
estás solo, absolutamente solo.
Y en medio de esa soledad,
no hay Nadie.

Si puedes experimentar
esto que te digo,
permanece en ello,
y comprenderás.

AFORISMO 30

El humillo del incienso se eleva
en verticalidad perfecta
si ningún viento se entromete.
Aprende de esa quietud y no hagas
otra cosa que no sea contemplar
tu elevación.

AFORISMO 31

Busca el calor
que se alimenta a sí mismo.
Ese es el fundamento del Fuego
Divino y el lenguaje con el que
se comunica el Soberano Patrón.

AFORISMO 32

Actuar poco es injusto
Actuar demasiado
es también injusto…
Lo justo es actuar lo necesario.

Aforismo 33

El hombre no debe dejar el estudio
de la realidad en manos
de los científicos,
Ni la poesía en manos de los poetas,
Ni la Divinidad en manos
de los religiosos,
Ni la masonería en manos
de los masones,
Ni la política en manos
de los políticos.

Aforismo 34

Si sigues el camino del Iniciado,
puedes llegar a ser mejor.
Pero también puedes
empeorar notablemente.
Ten esto en cuenta.

Aforismo 35

Aprende esto:
estás vivo y muerto a la vez.
La cuestión es saber qué vive
y qué muere.

AFORISMO 36

Constata primero
que tu letra G
está fuera del Pentagrama
Instálalo en su centro.
El Pentagrama llameará.

AFORISMO 37

Tu propio eje pasa
por el Eje de la Catedral.

AFORISMO 38

La piedra bruta sufre
los golpes del cantero.
La piedra que no los siente,
no está siendo trabajada.

AFORISMO 39

Las masonerías
son los resúmenes de las lecciones.
La maestra
es la misma Vida.

AFORISMO 40

Si la logia refuerza la imagen
que tienes de ti mismo,
abandona la logia.
Si por el contrario,
parece robarte tus fundamentos,
ámala.

AFORISMO 41

Acostúmbrate a recibir
sin discriminar.

AFORISMO 42

Es el masón
el que crea su masonería.
Como la ternera excita las ubres
de la vaca que la alimenta.

AFORISMO 43

Conserva y vigila la posición
de tu cuerpo en la logia.
Ella te dará
toda la información
que necesitas.

AFORISMO 44

La piedra bruta tan solo tiene
que permanecer quieta para ser
encontrada por la piedra cúbica.
Entonces la segunda toma
su lugar en la primera.

AFORISMO 45

Afronta la vida
y piensa en la muerte.

AFORISMO 46

Encuentra la diferencia
entre aprender e iniciarse.

AFORISMO 47

Busca aquello de ti mismo
que no vive en el tiempo.

AFORISMO 48

Amplíate, ábrete.
La Obra es un solo movimiento,
realizado de infinitas maneras.

Aforismo 49

El Recuerdo de Sí
implica
el Olvido de sí.

Aforismo 50

No confíes en ese lugar donde
guardas todo lo que sabes.

Aforismo 51

Cuando pienses en algo,
llega hasta el final, sin detenerte,
sin cambiar de dirección.
Y observa el procedimiento.

Aforismo 52

En cada situación
pregúntate qué eres.
Olvida de momento el quien.

Aforismo 53

Se como una pirámide:
álzate en altura,
ensánchate en la base.

AFORISMO 54

El hombre estúpido está convencido
de conocerse a sí mismo.
El hombre sabio aprende a vivir con
la ignorancia de sí, y en cada rincón
de desconocimiento encuentra
una semilla de vida.

AFORISMO 55

El hombre estúpido cree
que conoce todo sobre sí.
El hombre sabio solo conoce
con seguridad que un día morirá.

AFORISMO 56

Aprende a distinguir entre
el entrenamiento y la realización,
la primera depende
de la repetición, de la serie;
la segunda de tu voluntad
de trabajo.

AFORISMO 57

La historia de las cosas
no es interesante.

Tal disciplina la inventó el diablo
para que el hombre se distrajese
de lo esencial.

Lo esencial no tiene historia.

Una piedra bruta
es una piedra bruta.
Una piedra pulida
es una piedra pulida.

El misterio es la cualidad
más evidente de lo real.

Toda la Creación surge
del uno expresado
en su cuatriple naturaleza.
Ten en cuenta que
nada escapa a esta ley.
Los hebreos lo explicaron
claramente en su primer escrito:

Primer día, operación de la Luna:
sé el ciclo, y asiéntate en él.
Segundo día, operación de Marte:
dale dirección.
Tercer día, operación de Mercurio:
sublima y espiritualiza lo anterior.
Cuarto día, operación de Júpiter:
expande a todo lugar
lo espiritualizado.
Quinto día, operación de Venus:
que todo ello tenga armonía
y equilibrio.
Sexto día, operación de Saturno:
corta todo aquello
que deba de ser cortado.
Séptimo día, operación el Sol:
descansa, ya que la obra se culmina
espontáneamente desde el centro
de lo no existente.

Y ten en cuenta que todo trabajo
pasa por estos siete ciclos.

AFORISMO 62

Aprende a no ser tú mismo
y nadar en el Nadie.

AFORISMO 63

Actúa como si fueses invisible
para ti mismo, sobre todo cuando
consideres que lo que estás
haciendo es labrar tu piedra.

AFORISMO 64

Acostúmbrate a la compañía
de tu soledad.

AFORISMO 65

Sepárate siempre de tu subjetividad

AFORISMO 66

Pregúntate ¿cuál es mi derecho?,
¿cuál es mi obligación?

AFORISMO 67

Siéntate cada mañana,
al levantarte del lecho,
antes de ir a tus obligaciones.
Contempla todas tus partes.
Permíteles reunirse en torno
al eje de tu respiración.

Permanece allí.
Después levántate y ve a la vida.

AFORISMO 68

Comprende cada día como si fuese
tu propia y única vida.
Comprende el momento de ir al
sueño como el de estar llegando
a tu propia muerte.
Sepárate del significado del día
anterior y no te preocupes
por el de mañana.

AFORISMO 69

Extrae de tus días pasados tal como
el sabio realiza la extracción de la
sal: separa la gran cantidad
de ceniza de la pura sal,
blanca como la nieve.

AFORISMO 70

Despierta hacía delante
Despierta hacia atrás.
Despierta hacia tu derecha.
Despierta hacia tu izquierda.

Despierta hacia arriba.
Despierta hacia abajo.
Despierta dentro de ti.
Haz una pausa.
Repite la operación.

AFORISMO 71

El maestro masón es aquel
que es capaz de vivirse
como asesino y asesinado.

AFORISMO 72

Quieres aprender la bondad, olvida.
Quieres ser sabio, ignora.
Quieres ser resistente,
date a ti mismo.

AFORISMO 73

Todo fuego empieza con un cierto
calor y con una chispa.
El calor es tu respiración.
La chispa tu atención.

AFORISMO 74

Los antiguos escribas egipcios
decían: «Deja que tu mano escriba».
Y tenían mucha razón.

AFORISMO 75

La realidad es una danza
que marca tus pasos,
Si no la sientes así,
es que estas fuera.

AFORISMO 76

Todo el secreto consiste
en un cambio en el ritmo.
Pero, ¿en el ritmo de qué?

AFORISMO 77

Inspira, espira, inspira, espira…

AFORISMO 78

¿Dónde estás?
Esa es tu búsqueda.

Aforismo 79

No dejes la vida en manos
de los vitales.

Aforismo 80

Mira tú piedra; no la juzgues
Vuelve a mirar tu piedra;
no la juzgues.
Mira tú juicio y púlelo.

Aforismo 81

Cada protuberancia en tu piedra,
es una oportunidad.

Aforismo 82

No mires las protuberancias
de la piedra de tu hermano.
Jamás las juzgues: siempre errarás,
ya que son sus oportunidades.

Aforismo 83

Solo aquel que experimenta que
nace y muere constantemente
pierde el miedo a la muerte.

Esfuérzate antes de nada
en saber este hecho,
luego encuentra la vivencia.

AFORISMO 84

Cada creencia que nace en ti,
está destinada a morir.
Por muy seguro que estés ahora
de algo, en un tiempo más largo
o más corto, decaerá.

AFORISMO 85

No te empeñes en fijar
en ti absolutamente nada.

AFORISMO 86

Observa tu creencia actual,
si permanece, déjala estar,
si se evapora, déjala ir.

AFORISMO 87

La masonería especulativa
no es el resultado esencial
de la destilación de la masonería
operativa, sino su ganga.

AFORISMO 88

Es el masón operativo
el guardián del Secreto.
Cuando este guardián mira
al masón especulativo
lo hace con pena.
Y con razón…

AFORISMO 89

Si el término «regular»
tiene un sentido para ti,
es que no has entendido nada.
Si el término «regular» no tiene
sentido para ti,
es que no has entendido nada.
No se trata de entender,
sino de otra cosa.

AFORISMO 90

Guárdate de la regularidad,
cuando esta es factor de división
de la Masonería Universal.

Aforismo 91

No hay masonería
en la actitud altiva.
El masón verdadero ha aprendido
desde el principio a agachar
su cabeza para poder entrar
por la puerta de la Iniciación.

Aforismo 92

El abrazo de cinco puntos
no se realiza desde la cabeza
a los pies, sino al revés.

Aforismo 93

El secreto que necesita
ser guardado no lo es en verdad.
El Secreto Real se guarda
a sí mismo.

Aforismo 94

Si puedes escoger,
no elijas el camino de los torpes,
aunque lleven lustrosos mocasines.

Aforismo 95

Una casa se construye
desde sus cimientos hacia arriba.
Una torre se construye desde sus
cimientos hacia arriba.
Una catedral también.
No te empeñes en proceder
a la inversa.

Aforismo 96

Aquel que se apega al factor,
se desliga del todo.
Aquel que se deja hipnotizar
en el sueño del matiz,
olvida el sentido de la Obra.

Aforismo 97

Nunca olvides
el plano general de la Obra.

Aforismo 98

Si el dolor aparece, obsérvalo.
Será de una naturaleza antes
y de otra después.

Aforismo 99

Si el goce aparece, obsérvalo
Será de una naturaleza antes
y de otra después.

Aforismo 100

Diferencia lo que en ti es grande
de lo que en ti es pequeño.

Aforismo 101

Lo importante estuvo antes,
está ahora y estará posteriormente.
Tranquilízate.

Aforismo 102

Respeta a los animales.
Por lo general están más cerca de
cumplir con su función original
que tú.
Respeta a las plantas.
Por lo general están más cerca de
cumplir con su función original
que tú.
Respeta a los otros hombres.
Desconocen su función original
tanto como tú.

Aforismo 103

Mira el matiz dentro de la Obra,
no la obra dentro del matiz.

Aforismo 104

La piedra y el cantero son lo mismo.
Es la misma realidad vivida.

Aforismo 105

El carbón no se transforma en
diamante con pequeñas presiones.

Aforismo 106

Busca la consciencia ininterrumpida
y todo se hará por sí mismo.

Aforismo 107

Mira hacia el adentro,
hacia tu cuerpo, primero.
Luego hacia fuera,
hacia tu atmósfera.
Ahí tienes tus dos componentes.
Entrégate a ellos.

Aforismo 108

Lo perenne tiene siempre
el sabor de lo nuevo.
Lo cambiante el de lo viejo.

Aforismo 109

El buen golpe de mallete contiene
en sí todos los golpes posibles.
Así se aprende a trabajar
el mallete y el cincel.

Aforismo 110

En relación a los deseos,
observa si es uno de ellos quien
te conduce, o son producto de la
creación que te has autoimpuesto.

Aforismo 111

Aprende a dejar de mirar
donde no hay.
Piensa que tu mirada
alimenta siempre algo.
Aprende a que solo
lo que está debe ser nutrido.

AFORISMO 112

Aprende a amar la verdad
que hay en ti.
Permite que tu amor se desgaje
de la mentira que hay en ti.
Es tan fácil.

AFORISMO 113

El golpe de mallete a veces se da.
Otras se ahorra.

AFORISMO 114

Todo lo sagrado viene siempre
por una senda tranquila.

AFORISMO 115

No busques la alteración
de tu consciente,
sino su apaciguamiento.

AFORISMO 116

Aprende a no reaccionar
a las impresiones externas.
Así dejarás de ser esclavo del mundo.

Aprende a no reaccionar
a las impresiones internas.
Así romperás las cadenas
que te atan a lo que crees ser.
Aprende a no reaccionar
a las impresiones sagradas.
Así no te detendrás.

Aforismo 117

Ante toda experiencia,
quién experimenta y qué
experimenta es lo que importa.

Aforismo 118

Si en tu cabeza hay pensamientos
relacionados con una gran
búsqueda espiritual,
o algo excepcionalmente sagrado,
puedes estar seguro del estado
degradado en el que tu mente
se está expresando.

Aforismo 119

El buen cantero no recuerda sus
buenos y eficaces golpes de ayer,
sino que actualiza
los que aún no ha conocido.

Aforismo 120

Si dudas que todo en el Universo
está conectado,
piensa sólo en este pequeño hecho:
el origen de todo lo que existe
es el mismo.

Aforismo 121

Practicar es permitir
que lo que buscas desaparezca.

Aforismo 122

Si crees estar a oscuras, comienza
por reconocerlo.

Aforismo 123

No reaccionando a tus recuerdos,
a todo aquello que viene
de tu interior aprendes
a ser neutral ante el pasado.
No reaccionando a lo que ves,
a todo aquello que viene
de tu exterior, aprendes
a ser neutral ante tu futuro.

No rechazando lo que
estas experimentando,
aprendes a ser neutral
en tu presente.

AFORISMO 124

Deja de desear compulsivamente.
Después sensibilízate.

AFORISMO 125

Tu deber va en dirección
opuesta a tu apetecer.
Siempre es así.

AFORISMO 126

No analices por qué actúas
de tal o cual manera.
Ni siquiera trates de conocerlo.
Conoce en ti a aquel
que está conociendo.
Ese es el proceso.

AFORISMO 127

¿Qué es la plenitud en la Obra?
El acto de reconocerla.

Aforismo 128

Busca y busca.
No pares hasta
que ya no haya buscador.
Entonces, continúa.

Aforismo 129

Si tienes que ir a algún sitio,
elige el mejor camino.
Ese mejor camino conduce
inexorablemente a tu destino.

Aforismo 130

Sitúate en el centro de la letra G,
permite que el pentagrama irradie.
Comprobarás que el amor viene
desde todos los puntos del espacio.

Aforismo 131

Los descreídos ignorantes piensan
que los cristianos repudian
el cuerpo, deseando su disolución.
Los cristianos, cuando un estado
tal es alcanzado, exaltan el cuerpo
hasta el Trono de la Cruz.

Aforismo 132

El misterio es aquello
que está muy por encima de Yo.
Yo no lo comprende y se revela.
El misterio no lo tiene
en consideración y no se ofende.

Aforismo 133

Las dimensiones del misterio
no necesitan ser conocidas,
solo vividas.
Fue Yo el inoportuno agrimensor.

Aforismo 134

Lo propio de la vida es la expansión.
Lo propio de la muerte
es la contracción.
Lo propio del amor es la expansión.
Lo propio de los celos
es la contracción.
Lo propio de la felicidad
es la expansión.
Lo propio de la aniquilación
es la contracción.
¿Cuál puede ser entonces lo propio
de la meditación?

Aforismo 135

El verdadero cantero tiene presente
en cada uno de los golpes
de su maza que un día morirá.
Por eso da tanta importancia
a cada nuevo movimiento.

Aforismo 136

Exaltar tu cuerpo al Trono de la
Cruz implica no considerar la vida,
amándola profundamente.

Aforismo 137

El dogma te ata,
pero también te orienta.

Aforismo 138

Ama el dogma hasta
que se diluya en la vivencia.

Aforismo 139

La voluntad es algo diferente
a la fuerza.

La fuerza es medible,
la voluntad no.
La fuerza mueve pequeñas rocas,
la voluntad mueve montañas.

AFORISMO 140

Pregúntate por la esencia
de la voluntad.
Percíbela en su dulzura
y sensibilidad.
Permite que se expanda.

AFORISMO 141

La fuerza es el motor del trabajo
del aprendiz recién llegado.
La voluntad es propia tan solo
del maestro.

AFORISMO 142

Busca el sustento de la voluntad
y estarás ante tu propio Ser.

AFORISMO 143

La voluntad es el medio de elevar
el cuerpo al Trono de la Cruz.

Aforismo 144

El camino que conduce a la meta
es la suma de desalientos
y equívocos de no estar ya en ella.

Aforismo 145

Solo el hombre que se libera
de Dios es un hombre libre.
Solo el hombre que sirve
a Dios es un hombre libre.

Aforismo 146

La vida, querido hermano,
es extraordinaria.

Aforismo 147

Conserva aquello que quepa
en los bolsillos de tu mortaja.

Aforismo 148

Una mano abierta no tiene nada
que aferrar.

Aforismo 149

Necesitas comprender que cada
paso que das no lo das en soledad.
Siempre estas acompañado:
descubre quién va a tu lado.

Aforismo 150

Hay un solo lugar
y una sola consciencia del hecho.
Hay un solo espacio
y un instante de tiempo.

Aforismo 151

Aprende a vivir como lo hace
una célula, un órgano.
Aprende a ser como parte
de algo muy superior.

Aforismo 152

El cantero interior siempre
está dispuesto a realizar su trabajo.
Sólo debes permitírselo.

Aforismo 153

Si encuentras un Taller y puedes
formar parte de él, no te plantees en
qué puede servirte el taller,
qué conocimiento puedes arrancar
de él, sino como servirle.
La creencia inversa
está muy extendida, no la sigas,
te perjudicará enormemente.

Aforismo 154

De un taller sacarás en la medida
en que te esfuerces en trabajar
para la meta de grupo.
El taller importa más que el cantero,
el cantero más que el aprendiz,
y la catedral más que el taller.
Ese es el orden.

Aforismo 155

En la meditación que precede
a la entrada al taller, sigue
el sistema que estés practicando,
hasta percibir que este
se deshace en la nada.

Aforismo 156

No se trata de que te construyas,
sino de deconstruirte.

Aforismo 157

Permite a tu cuerpo pensar.
No le impongas ideas, solo síguele.

Aforismo 158

Busca, busca, y busca.
Luego borra tus huellas.

Aforismo 159

Quien no entiende que
lo radicalmente transformador
está en la asamblea
y no en la individualidad
no ha entendido nada.

Aforismo 160

Para entender el aforismo anterior,
debes comprender
qué es la asamblea.

Ten por seguro que ahora
desconoces su significado.
Ten por más seguro incluso
que llorarás lágrimas de sangre,
de tu propia sangre, si te atreves a
comprender de qué te estoy hablando.

Aforismo 161

Sé como el gusano, que se alimenta
de la sustancia sobre la cual camina.
Así en el día eterno volarás
como una mariposa libre.

Aforismo 162

Aprende a reglar tu ser.
En cualquier acción que realizas,
hay una fuerza justa y perfecta que
debe ser impresa en lo que hagas;
unos músculos concretos que deben
estar implicados y otros que no;
un cálculo exacto que tu mente
debe efectuar;
un sentimiento unificante
que debe desprenderse
como el aroma de la rosa.

Aforismo 163

Si hoy después de la salida del sol
tuviste un sentimiento de ti mismo
que posteriormente no reconociste
como propio de ti;
si hoy después de que el sol
pasase por el cénit tuviste
un sentimiento de ti mismo
que posteriormente
no reconociste propio de ti;
si hoy después de que el sol
se ocultase en el horizonte,
tuviste un sentimiento de ti mismo
que posteriormente
no reconociste propio de ti;
pregúntate dónde estabas tú
en cada uno de esos momentos.

Aforismo 164

No todos los esfuerzos son
de la misma naturaleza,
unos sirven para comenzar la acción
y otros para aumentar el resultado.
Aprende a diferenciarlos.

AFORISMO 165

El esfuerzo que comienza
parte del no saber;
el que aumenta encuentra
su sentido en lo indiferenciado.

AFORISMO 166

Que tus palabras y tus actos
tomen la misma senda.

AFORISMO 167

Toma la senda del silencio
y no te arrepentirás.

AFORISMO 168

Experimenta hasta el límite.
Ahí comienza
lo verdaderamente interesante.

AFORISMO 169

Ocúpate de lo sustancial
y no pierdas el tiempo.

AFORISMO 170

Solo aquel que está colocado
en su centro puede sentir plena
compasión sin olvidar su esencia.

AFORISMO 171

Únicamente merece la pena
una enseñanza si esta es
una preparación para la muerte.

AFORISMO 172

Recuerda siempre la palabra del
Compañero y su significado, Booz,
que se encontraba en el exterior
del Templo de Salomón:
«Mi fuerza es la del
Sublime Arquitecto de los Mundos».

AFORISMO 173

Recuerda siempre que el trabajo
del Compañero, si el período
de aprendizaje ha sido fructífero,
es el del Aumento, representado
también en los 2 años simbólicos
añadidos a los 3 primeros.

El 2 te recordará que
1 es la fuerza del impulso
y 1 es la fuerza del obstáculo
que se le opone.
Tu trabajo es estar entre ambas.
En esto consiste el aumento
que siempre es fruto del binario,
del binario consciente.

AFORISMO 174

Haz del tiempo Espacio.

AFORISMO 175

Somos un subproducto del tiempo,
permite al espacio que te fabrique.

AFORISMO 176

Cada día al despertarte,
y una vez hayas puesto tus pies
en el suelo, levanta tu dedo hacia el
cielo y exclama con todo tu Ser:
«Este cuerpo no es mío».

Aforismo 177

Aprende cómo debes llevar
tu cabeza dependiendo
de aquello que tienes frente a ti;
a veces tendrás que ver
desde arriba,
otras mirar de frente
y otras solo agachándola
serás capaz de saber
ante qué estas.

Aforismo 178

La sabiduría se manifiesta
por sí misma,
no la fuerces.

*Este libro de aforismos de José Miguel Jato
se terminó de componer en las colecciones
de la editorial MASONICA®
el 2 de febrero de 2024.*